JN419030

열두 가지 과일이 열리는 나무

열두 가지 과일이 열리는 나무

전하라 外

그러자 내 키가 순식간에 나무만큼 커져서
과일 하나를 따먹을 수 있었다
그 순간 나는 깨달았다
세상은 마음먹는 대로 되어지는 것이었다

한국방송통신대학교 시창작동아리
<생각의 숲> 엔솔로지 2019년 2호

문학공원

〈발간사〉

세상에서 가장 값진 일은 도전

지도강사 김 순 진

이 세상에 하지 못할 일은 없습니다. 이 세상에 해서는 안 될 일도 없습니다. 어릴 적 아버지는 저를 보고 누울 자리를 보고 다리를 뻗으라고 말씀하셨습니다. 저는 그게 불만이었습니다. 밧줄 위에 누워도 잘 수 있고, 가시가 다닥다닥 붙은 나무 위나 못이 박힌 송판 위에서도 잘 수 있는 방법이 있습니다. 저는 공무원을 그만두고 고난의 길, 도전의 길, 시인의 길을 택했습니다.

그 결정에 대하여 저는 후회해본 적이 없습니다. 어떻게 살 것인가에 대한 철학적 고민은 인간을 인간답게 만듭니다. 골치 아프게 왜 그런 생각을 하고 사느냐 말하지만, 환타지는 생각하는 사람만 얻을 수 있는 행복입니다. 지금도 시인이 되길 참 잘했다는 생각을 합니다.

시인이 되는 것은 어렵지 않습니다. 책을 내는 것도 어렵지 않습니다. 시를 쓰시면 됩니다. 시는 부뚜막의 소금이라 쓰는 사람만이 시집을 낼 수 있습니다. 원고가 시집을 내지 돈이 책을 낼 수 없습니다. 이제 우리에게는 충분한 경험이 있습니다. 충분한 이야기꺼리를 가슴에 쌓아놓았기 때문에 여러분은 시인이 되실 수 있습니다. 무능한 나를 그냥 내버려두지 마세요. 그저 맛있는 것이나 먹고, 좋은 곳에나 구경 다니는 것을 행복이라 여기지 마세요. 밤새 끙끙거려 시 한 편을 완성했을 때의 희열, 머리가 쭈뼛 서는 정신적 오르가즘을 느껴보세요.

시인에 도전해보세요. 도전은 결과와 관계 없이 도전 자체만으로도 위대합니다. 내게 회초리를 가해서 지금의 나를 발판으로 삼아 위대한 나를 탄생시켜보세요. 사색하고 끼적거리며 어떤 말을 어떻게 써야 할까 고민해보세요. 이 세상 아무도 나의 절실한 경험을 알지 못합니다. 나를 가장 잘 아는 사람은 바로 나입니다. 내 이야기를 써보세요. 나의 경험은 너무나 값진 진실입니다. 그 진실을 쓰세요. 이 세상의 모든 베스트셀러 작가는 모두 자기의 눈으로 글을 써 유명작가가 되었습니다.

저는 그런 여러분이 되시기를 상상하고 응원하며 여러분을 무보수로 가르칩니다. 저랑 함께 해봐요. 선생님도 시인이 되실 수 있습니다.

2019년 3월 18일

방송대 시창작동아리 생각의숲 지도강사 김 순 진

차 례

지도강사 초대시

2학년

3학년

4학년

졸업생

지도강사 초대시

김 순 진

왜곡 외 4편

김 순 진

부잣집 아이가 학교에서 시계를 잃어버렸다며
교무실로 가 선생님께 일러바쳤다
교실로 들어온 선생님은 우리들을 윽박질렀다

모두 책상 위로 올라가 눈 감고 손들어
누군지 다 알고 있다
정말 안 나올 거지
내가 잡아내면 그땐 너희들 모두 죽는다
솔직하게 말하면 용서해주겠다

선생님 왜 저러시는지 무섭기만 하다
나는 너무 오금이 저려서 그만 살짝 손을 들었다
아이들은 모두들 책상에서 내려와 집으로 가고
나는 교무실에 끌려가 봉걸레자루로 빠따 열 대를 맞았다

너 그 시계 어디다 놨어
무…, 무슨 시계요
아까 네가 훔쳐갔다고 손들었잖아

저 어제 학교에서 돌아가는 길에 배가 고파서
남의 밭에서 무 한 개밖에 안 뽑아먹었는데…

선생님께서 솔직히 말하면 용서해주신다며
나오라 하셔서 손 들은 건데요

유치 찬란

- 국립한국문학관 은평구 유치에 부쳐

젊은 시절 영락중학교 운동장에서
예비군 비상소집훈련을 받았다
그때 교관 왈
은평구에는 변변한 대학 하나 없고
변변한 공장 하나 없고
변변한 공연장 하나 없는 동네라고 폄하했다
나는 은평에 25년 동안 살면서
변두리 은평을 실감하고 살았다
장마만 지면 불광천 물이 역류해 수많은 가옥이 침수되고
한 바구니에 삼천 원하는 망가진 과일과
썩어가는 생선이 잘 팔리는 유치한 동네였다

그런데 이번에 은평구가 국립한국문학관을 유치했다
지난 몇 년 동안 유치활동을 벌이면서
수많은 문인과 예술가들이 살았던 동네인 줄 알게 되었다
살림살이는 유치하지만 이상만은 찬란한 동네
천정을 별무늬 벽지로 바르고 벽을 계단으로 바른 동네였지만

우리 동네 사람들은 꿈으로 천정을 바르고
부지런한 발자국을 벽지로 바르며 살고 있었던 것이다

이제 국립한국문학관의 유치[1]로
유치했던 살림살이를 마감하고
세계 속의 찬란한 한국문학의 메카를 꿈꾼다

---

1) 지난 2018년 11월, 필자가 은평문인협회 회장으로 있는 우리 은평구는 680억짜리 대형 프로젝트, 국립한국문학관을 유치하였다.

편들기의 오류

키 큰 사람과 키 작은 사람이 다투면 누구 편을 들 것인가
키 작은 사람이 키 큰 사람의 물건을 슬쩍했다
의붓아버지와 딸이 다투면 누구 편을 들 것인가
의붓아버지는 성실했고 빗나간 딸은 의붓아버지를 모함했다
강도와 집주인이 다투면 누구 편을 들 것인가
강도는 어설펐고 주인은 칼을 들었다
경찰관과 운전자와 다투면 누구의 편을 들 것인가
경찰관은 오버했고 도로교통법을 어기긴 했지만 그는 여전히 선량한 시민이다
남자와 여자가 다투면 누구의 편을 들 것인가
남자는 바람난 여자를 추궁하는 중이다

자의적으로 판단하지 말자
약자의 편을 들어야 한다고 말하지 말자
선의를 베푼다고 정의를 가리지 말자
꽃의 편을 들어 초원을 파헤칠 것인가
토끼의 편을 들어 콩밭을 망칠 것인가

태양의 편을 들어 만년설을 녹일 것인가
구름의 편을 들어 밝음을 가릴 것인가

풍선껌을 불다

어제 바람벽에 붙여 놓았던 풍선껌을 또 씹는다
푸 불면 커졌다 얼굴에 탁 터지고
때 낀 손톱으로 주섬주섬 긁어 입에 넣기를 반복한다

푸우푸우 풍선껌을 불 때마다 어머니의 꿈과
아버지의 구차가 부풀었다 사그라든다
그래도 큰애는 중학교라도 눈을 뙈줘야지요
엄마의 풍선은 하늘을 날아오르고
무얼로 갈칠 거요 눌 자릴 보고 다릴 뻗어야지
아버지의 풍선은 바람이 빠지는지 뱅글뱅글 돈다
결국 나는 중학교 졸업하고 답십리 제너레다공장에
취직했다
길고양이 울음이 골목에 갇힌 나처럼 앙칼진데
교복 입은 또래들이 춘분의 골목을 달구며 간다
그때 나는 껌처럼 나를 부풀리고 싶었다
아버지는 질긴 세상을 질겅질겅 씹어야 했다
그러다 박빙의 어머니를 그만 터뜨리고 말았던 것
풍선껌은 단물이 빠져야 비로소 크게 불어짐을
나는 열일곱 나이에 벌써 깨달았다

오랜만에 또다시 풍선껌을 분다
이제라도 허기지게 풍선을 불어서
엄마를 애드벌룬처럼 띄우고 싶다

간척지

서정주문학관 옥상에 올라가
너른 들을 바라본다
멀리 물 나간 개펄이 보인다
바다를 막아 개간한 간척지에는 벼가 누렇다
관광해설사는 서정주가 시인이 될 수밖에 없었던 환경이었다고 역설한다
약간의 용돈을 벌며 미당을 미화하려는
관광해설사 말에 동의할 수 없어 화가 난다

간을 바꾸어 일제에게 빌붙으려 했던 미당
전두환한테까지 간을 내주며
간을 배 밖으로 내놓고 산 미당
밀물은 그렇게 가르치지 않았을 게다

간척지에서
간첩질 이간질 간신질이 떠오르는 것은 무슨 이유일까

김 종 식

모스크바의 침공 외 4편

김 종 식

예상은 했었지만 너무도 갑자기 쳐들어온 적군의 기습이었다 군화 발자국 소리도 없이 북극의 찬바람을 몰고 몰래 스며든 병정들에 의해 죽은 주검들이 피를 흘리며 사방 여기저기에 흩어져 눈을 부릅뜨고 허공을 바라보고 있다 결국 닥쳐오고야 만 현실이다 그들은 단 한 번의 공격으로 치명상을 주기 위해 멀고 먼 동토의 나라를 떠나서 뜨거운 태양의 열기와 장애물들을 뚫고 여기까지 내려온 것이다 그동안 왜 대비를 못했을까 그들이 언젠가는 틀림없이 쳐들어올 거라는 공작원들의 보고가 있었고 누구나 알 수 있었던 징후가 확실했음에도 불구하고 안일한 방심으로 고통스럽게 감당해야 하는 상황이 오고야 만 것이다 얼마 남지 않은 시간들, 무슨 일이 생겼는지 사정을 알 수 없는 이웃의 사람들, 그들은 이런 일들을 미리 알고 있었을까

어딘가의 안전한 곳에서 소식 없는 나를 생각하며 이 난리가 조용히 지나가기를 바라고 있는 것일까 아직도 희미하게 들려오는 군화 발자국 소리들, 천둥 번개 소리와 소낙비처럼 쏟아진 대포와 연막탄 세례, 시퍼렇게 물든 하늘 아래 점점이 흩어진 붉은 희생들이 우리들의 어리석음을 비웃는 듯이 나뭇잎들의 바스락거림,

바람의 웅성거리는 소리를 내고 있다 언젠가는 겪어야 할 선전포고 없는 전쟁이었다 다시 옛 모습으로 돌아갈 수만 있다면, 안타까움과 후회가 밀려오는 처참한 도시의 거리를 혼자 걸으며, 인간들의 무지와 오만을 보여주듯 즐비하게 늘어선 침략자들과 시민들의 주검 사이로 검붉은 낙엽 하나가 스쳐지나가는 바람에 가냘프게 흔들리고 있었다

나쁜 여자

너는 참말로 싸가지 없는 년이다 내가 저를 말 할 수 없이 좋아하는 것을 잘 알면서도 나 모르게 어느새 어떤 놈하고 눈이 맞았나 보다 한마디 말도 없이 훌쩍 내 곁을 떠나가 버린 너, 내가 얼마나 많은 날들을 정신 나간 미친놈처럼 길거리를 방황했는지 너는 모르겠지

세월이 약인지 어느 날 또다시 살랑살랑 속이 다 비치는 연두색 블라우스를 입고 나타나서 하는 말, 지나간 일 모두 잊어버리고 우리 재미있게 같이 오손도손 행복하게 삽시다 하면서 다정하게 내 손을 붙잡으며 알랑방구치고 눈웃음을 살살 치기에 그렇잖아도 때때로 생각나고 보고 싶기도 하고 어떻게 살고 있을까 궁금하던 참에 속알맹이 없는 이 푼수는 그 말을 그대로 믿어버리고 동해바다로 부산으로 함께 신나게 돌아다녔지

그런데 요즘 가만히 보니까 평소에 안하던 마스카라 붙이고 빨간 루즈를 짙게 바르고 어떤 놈을 휘어잡으려는지 향수를 뿌리고 알록달록한 치마를 휘날리며 나 모르게 사방으로 쏘다니는 것을 보면 아무래도 네년이 또 바람이 나서 꼭 채일 것 같은 기분이 든다 내가 먼저

차버려야 하는 건지 아니면 내가 괜한 오해를 하는 것은 아닌지 어찌할 바를 모르겠고 지나간 일들을 뒤돌아보면 사실 이런 일이 한두 번이 아니고 매번 바보처럼 속기만 한 것이 생각나서 무척이나 불안하다

오메, 나는 또 어쩐다냐! 네가 다시 말없이 내 곁을 떠나가 버린다면, 이제는 나 혼자서 살아가기가 너무도 힘이들고 서러운데, 너를 생각하면 자꾸만 눈물이 나오고 화도 난다 아마도 너는 또 말없이 떠나가겠지 언제나 인정머리 없이 나를 울리기만 하고 바람피울 생각만 하는 여자, 가을아

너는 정말 사람을 미치게 하는 화냥년이다

낙엽

오늘도 황량한 도시의 거리를 혼자 걷는다
늦가을의 외로운 햇살이 잔잔히 내려앉는 호수
겨울을 향한 마지막 인사처럼 쓸쓸히 파문을 흔들고 있다
사방으로 뻗은 횡단보도에서 출발을 기다리는 무표정한 사람들
어디론가 아우성치며 달려가는 수많은 자동차들
줄지어 늘어선 빌딩 숲 사이를 걷는다

생은 마치 깊은 산골짜기 작은 샘물이 바다를 향해
길을 떠나는 먼 여행 같은 것
하루하루를 살아가는 의미는 푸르름이었고
날마다 성장하는 꿈을 꾸었는데
우리는 얼마나 더 먼 길을 가야만 하는 걸까

이태원 거리에서

파랑새 깃드는 이태원 거리
아무도 아는 이 없어도 우린 모두 친구다
이방인의 도시는 네온 불빛으로 밝히고
거리엔 사람들로 서서히 타오르기 시작한다
길모퉁이에서 마시는 술 한 잔
나그네여 이곳으로 오라
사랑에 버림받은 자여
그대는 여전히 젊은이다
취업을 못한 자여
그대도 여전히 젊은이다
세상 모든 것들을 잊어버리고
미친 듯이 춤추며 노래 부르라
떠나간 그 사람을 위하여
밤새워 술을 마시며
한없이 눈물을 흘린들 어떠리
쪽방에서 깊은 잠 속에 빠진들 어떠리
고독이 새벽안개처럼 찾아오고
화려했던 불빛도 다시 침묵 속에 잠기며
우리들의 아픔도 깊은 곳으로 잠긴다

그리고 태양은 또다시 찬란히 솟아오르리

오 마이 갓!

– 랩 풍으로

네가 날 때렸어 쥐어박고 무정하게 냉정하게 나를 팼어
아팠어 멍들었어 터져서 피가 났어 화가 났어,
네가 미웠어 나는 너를 좋아하는데
너는 나를 몰라주고 몰라주고 몰라주고
외면했어 무시했어 밀어냈어 따돌렸어 거만했어

그래도 정말 정말 정말 정말 아주 정말 진짜 정말 정말 정말 정말 정말
진짜 진짜 진짜 진짜 아주 진짜 정말 진짜 진짜 진짜 진짜 진짜
네가 좋아 정말 좋아 진짜 좋아 아주 좋아 좋아 좋아 좋아 좋아 나는 좋아
내가 왜 이러는지 나도 몰라 너도 몰라 내가 싫어 정말 싫어 싫어 싫어 싫어

비가 날 때렸어 두드리고 적시고 흐르고 흘렀어 추웠어
네 생각에 보고 싶고 외로웠어 서러웠어 슬펐어 한심했어

나는 너의 꿈을 꾸고 자꾸자꾸 보고파서 기다리고 기다렸어
너는 나를 바라보고 돌아섰어 가버렸어 사라졌어 눈물 났어
오 마이 갓!

눈물이 빗물인지 빗물이 눈물인지 눈물이 빗물인지 빗물이 눈물인지
바람이 내 맘인지 내 맘이 바람인지 바람이 내 맘인지 내 맘이 바람인지
흠뻑 젖었어 추웠어 허전했어 외로웠어 힘들었어 지쳤어
바보처럼 비를 맞고 길거리를 헤맸어 걷고 또 걸었어

옛 추억이 생각났어 그 시절이 그리웠어 고향 친구 보고팠어
가갸거겨 고교구규 그기 아야어여 오요우유 가나다라마바사아
동해물과 백두산이 마르고 닳도록 우리나라 좋은 나라 대한민국 만세

순이 손 붙잡고 학교 가던 그 시절이 그리웠어, 그때가 좋았어

네가 날 때렸어 두드리고 마구 패고 찌르고 꼬집었어 밀쳐냈어

아팠어 멍들었어 터져서 피가 났어 괴로웠어 서러워서 눈물났어

그래도 네가 좋아 나는 좋아 진짜 좋아 정말 좋아 아주 좋아

내가 왜 이러는지 나도 몰라 너도 몰라 몰라 정말 몰라

몰라 몰라 몰라 몰라 정말 몰라 진짜 몰라 몰라 내가 왜 이러는지

너는 아니 아니 아니 아니 아니 속 터지는 내 마음을 너는 아니 아니

우와 미치고 환장하겠다.

아이 러브 유 미스 유 컴온

유 언더스텐 오케이

오 마이 갓!

김 판 수

성깔 있는 그녀와 노랑머리 그녀 외 4편

김 판 수

내가 그녀를 처음 만난 건 고등학교를 졸업하던 해였다
그때 그녀의 모습은 두꺼비처럼 약간은 독소를 품은 듯 성깔이 있는 모습이었다
밤새 그녀와 어울리다보면 친구들은 어느새 여인숙 구석에서 한 명씩 늘어지곤 했다
그녀와 헤어지고 나면 어김없이 속이 쓰려오고 머리도 아파왔다
그렇게 한 달에 두세 번 그녀와 데이트를 하곤 했다
그러다가 나는 그녀를 멀리하고 노랑머리 여인과 사랑에 빠졌다
톡 쏘는 성격의 그녀는 짧은 시간에 나를 빠져들게 하였지만,
가끔 나는 부드럽게 다가오는 노랑머리 여인과 밤새 대화하는 것이 더 좋았다

그러던 마흔 살의 어느 날 나는 톡 쏘는 그녀의 진정성을 알게 되었다
만원이면 그녀와 데이트를 수 있었던 반면,
노랑머리 여인은 잠깐만 만나도 수만 원이 들어갔다
그래서 요즘은 그녀를 매일같이 만나며 산다
요즘은 이슬 같은 그녀가 있어 행복하다

나쁜 친구

그 친구를 알고부터 너를 알게 되었다
그 친구와의 어색함을 네가 대신해 주었지
악수를 청하는 그 친구는 너를 좋아했어
헤어질라 치면 너는 다시 나타나
우리들이 이별을 지연시켜 주었었지
그러나 지금은 그 친구가 없다
이제 내게 남은 건 그 친구와 함께 하던 너뿐이야
너와 이별하고 싶지만 그 친구 생각에 망설여진다
이 다음에 다시, 그 친구와 만나는 날
너의 진심어린 축하를 바라지만
미안하지만 이제 그 친구와 나 사이에서
네가 떠나갔으면 좋겠어
너는 스스로를 불살라 나의 관심을 끓어보려 하지만
세상 사람들이 너를 나쁜 친구라고
사귀면 안 된다고 하니 어쩔 수가 없구나
내가 방황하던 젊은 시절
나를 위로해준 것은 고마워
그렇지만 이제 우리 그만 헤어지자
나는 이제 가족 품으로 돌아갈래
안녕, 잘 가 담배야

11월 11일 11시

하나의 외로움을 알기엔
나머지 하나는 너무나 멀어
그저 하나와 하나가
하나가 되는 날을 기다리며
이 산 넘어 앞 산 넘어
저 산 넘어가는 하나는
그날을 기다려본다
외롭고 외롭지만
그날을 내 날로 만들어본다

가을의 이유

만남을 조심스러워함은
헤어질까 두려움이요

사랑을 겁냄은
그대 뒷모습에 눈물을 보일까 두려움이요

헤어짐을 싫어함은
그대 돌아오지 않을까 두려움이요

나중을 기약하지 못함은
이 내 맘이 식을까 두려움이나

만나지 않고 어찌 사랑을 하며
사랑하지 않고 어찌 이별을 하며

이별하지 않고 어찌 그리움을 알며
그립지 않고 어찌 참사랑을 알리

첫사랑

스무 해가 되던 날
하늘 아래 한 점 부끄러움이 없기를 다짐했다
여인의 옷자락에서 백설의 향기가 났다
아이의 웃음소리, 모나리자의 미소
세상은 무지갯빛 7차선 도로였다
살아있다는 것은 죽는 것보다 분명히 유쾌한 일이었다
스무 해에 셋이 더해지던 날
부끄러움에 참을 수 없어 펜을 버렸다
싸구려 향기만 남긴 채 여인은 도망갔다
남은 것은 허름한 여인숙에 홀로 남은 나뿐이었다
아이의 웃음소리가 들린다

초라하게 사는 것도 화려하게 죽는 것보다
분명히 중요한 일이었다

촉각의 바퀴 외 1편

박 금 옥

수업 후 집에 가는 길

밖에 나와 보니 세상이 온통 까맣다
까만 세상에
빨강 초록 노랑 불빛들이 나를 유혹한다
어느새 파랑색 네 바퀴 괴물이 나를 태우고 달린다
이리 저리 벌개진 눈알 굴리며
나를 태우고 달린다
오늘은 이만큼이지만
내일은 저만큼이기를 바라면서
파랑색 네 바퀴 괴물과 함께
나는 달린다
힘껏 달린다

내 촉각의 바퀴를 쉼 없이 굴린다

된장찌개

된장찌개 같은 사람을 만나고 싶다
보글보글 끓는 찌개를 함께 먹을 사람과 살고 싶다
서로 떨어져 피자 햄버거를 먹고 살다가도
만나기만 하면 서로 된장찌개 같은 사람 만났다고
정답고 푸근하게 손잡는 사람
된장 호박 두부 썰어 만든 찌개
한 냄비 끓는 동안
안부 묻고 웃을 수 있는 그런 사람을 만나고 싶다
된장찌개가 보글보글 잘 끓어 먹기 좋을 때
호박 두부 한 숟가락씩 권하면서
먹고 사는 일을 거들어 주고 싶은 사람과
평생 이웃하며 살고 싶다

* 김순진의 시 「깻잎 반찬」을 패러디하다

박 옥 재

만기도래 외 4편

박 옥 재

나뭇잎이 차가운 길바닥에 한해를 마감하듯 나뒹군다
내가 차가운 길바닥에 나뒹굴 듯 헤맨 지 어언 60년
이 땅에 나는 한 조각 나뭇잎이었다
아픔 속에 살았던 사람들의 고뇌처럼
환경미화원들의 수고로운 빗자루에 쓸려간다
늦가을은 놓아주기 싫은 자들의 말
늦가을은 나무의 원금을 상환 만기 도래일
모든 만기는 새로운 도전을 요구한다
나무는 모든 과실果實을 내려놓고
과실過失을 따지지 않는다
사글세의 만기에 대하여 고민하던 젊은 시절
나무는 계절의 만기에 대해 고민하지 않는다
나의 대출통장은 부모 자녀 이웃
그들은 모두 신바람을 대출해주며 함께 살아온 나무였다
나는 나의 만기에 대해 궁금해 하지 않는다
나무는 바람에게 빚을 지고 있지만
나무는 땅에게 빚을 지고 있지만
이자와 원금에 대하여 생각지 않는다
나는 또 한 가지의 싹트임을 기다리면서
미처 맛보지 못한 늦가을의 정취를 느낀다
떨어진 낙엽을 밟고 또 밟으며

코끝에 와 닿은 진한 향기에 매료되어 한동안 정신을 잃는다
곱게 바래있는 낙엽 위에 마음을 담아
빨간 우체통에 띄워 보낸다

칭찬 받지 못한 수고

첫 딸을 낳았다
너무나 힘든 시간을 지내고 몽롱이 바라보고 있다
링거를 타고 흘러 들어가는 붉은 피
생명의 연장 줄이 되어 긴 핏줄을 따라 잠들어있는
세포들을 깨우고 있다
절개한 상처는 움직임을 거부한다
분홍 팔찌를 의식하며
어렴풋이 깬 마취에 또다시 무언의 세계로 빠져든다

종갓집 2대 독자의 집안에 태어난 아기의 첫울음은
희비가 엇갈린다
밖에서는 무엇에 쫓기듯 달려가는 발걸음 소리
불안함의 기류가 엄습한다
남아선호 사상에서 벗어나지 못한 시댁의 관습 속에
태어난
딸은 5.18등이다
세상에 나오려고 무던히도 애썼던 아기
가슴에 파고들어 젖을 먹는다
아기의 심장 박동 소리 뜨거운 전율이 온몸에 전해
진다
꼬옥 껴안아 아기의 볼에 입맞춤한다
눈가에 눈물이 촉촉이 적신다

대가 끊어지겠다며 슬퍼하실 시아버지의 흐느낌이 들려온다

뭔지 뭔지 뭔지
- 랩풍으로

시험이 왜 이렇게 어려운 건지 무지무지 어려운 건지
글만 읽으면 되는 건지 말이 그리 많은 건지
폐쇄음이 뭔지 마찰음이 뭔지 말만 하면 되는 건지
형태소가 뭔지 늘리고 늘린 것이 서울에서 목포가 건지
이건 또 뭔지 그림인지 글자인지 묘하게 생겼다는 건지

봐도 봐도 모르겠네 상고시대가 뭔지 삼국시대가 뭔지 뭔지 뭔지 뭔지
통일신라시대가 뭔지 고려시대가 뭔지 뭔지 뭔지 뭔지
살아보지도 않은 뭔지를 비포 앞 뒤 채우라 하는데 뭔지
외워도 잊어버려 우뇌인지 좌뇌인지 자꾸자꾸 잊어버려서 뭔지
이 노릇을 어찌할지 백지로 날릴까나 그래서 자존심이 뭔지

뽕짝을 쓸까나 그래도 자존심 있지 존심이 용납 못해

이것 참 야단났네 안방에 한 장 붙여 식탁에 한 장 붙여 발길 따라 붙여놨다 해
어찌어찌 쓰고 나니 머리 멀미나서 링거를 꽂았다 해
팔자에 없는 생병 앓고 있다 해

여길 가도 시험생각 저길 가도 시험생각
공부 못 해 죽은 귀신 붙었는지 푸닥거리해야겠다는 생각
이것 참 어찌할지 사돈네만 몰랐어도 때려 쳐버리겠다는 생각
이 노릇을 어찌할까 그래도 존심이 있지 중간에 때려 치면 쪽팔려서 안 되겠다는 생각

마음을 비웠다네 쌍권총만 피해야지
전장, 반장, 피자 한 판 목숨 걸일 없다네 생각 한번 잘해야지

누더기 보따리

꿈결에 찾아오신 엄마
생전에 고운 얼굴은 찾아볼 수 없고
초라한 모습으로 커다란 보따리 하나 품에 안겨주시고 가신다
보따리 속에 가득 담겨있는 누더기 옷들
참다못해 터져 나온 내 울음소리에 놀라 잠이 깬다
병치레가 잦은 나를 챙기시느라 맘고생만 하시고
숨을 거두시는 순간까지 눈을 감지 못하시며
애처롭게 바라보시던 엄마가 찾아오신 것이다

어느 날 옥재야 다급히 부르셔서
엄마를 찾았지만 꿈이었다
그날 난 큰 사고를 당했다
저 세상에서도 잊지 못하고 계시는 엄마
보따리 안의 누더기 옷들은 지금의 나를 보여주신 것
난 나를 뒤돌아본다
컴퓨터 중독이 되어 밤을 새우는 날이 허다하며
신앙인인 나는 냉담의 길을 걷고 있었다

그 누더기 보따리는 누더기 같은 불안과
초라함으로 가득 채워져 있는 마음을

사랑과 신앙 충만함으로 채워 살라는 어머니의 말씀
미소를 지으시며 찾아오실 엄마를 기다리련다

이명

찌르르 찌르르 울어대는 매미소리
어렴풋이 깨어난 잠결에 인사를 한다
하루의 시작을 알리는 반갑지 않은 울음소리
너를 떠나보내려 갖은 방법을 동원했지만
동고동락을 함께 하자고 찾아온 너는
떠나지 않겠다고 발버둥친다

배가 고파서 우는 거니 가족이 그리워서 우는 거니
삼백육십오일 단 한 순간도 쉬지 않고 울어댄다
어쩌다 소리가 작아지면 집을 찾아갔을까 쾌재를 부르다
기쁨의 순간을 맛보기도 전에 큰 소리로 운다

그래 너의 울음소리가 아름다운 멜로디로 들리는
그날이 언제 오려는지 알 수 없지만
함께 하며 손꼽아 기다리련다

매미야 저 넓은 푸른 바다로 가자
속삭이는 너와 지쳐있는 나의 육신을
잔잔한 파도 위에 실어 평온을 만끽하자구나

신성인

산행 외 2편

신 성 인

한 걸음 한 걸음
정상을 향하여 걸어갑니다
한 걸음 한 걸음
꿈을 향해 걸어갈 때마다
응어리진 마음이
하나씩 하나씩 떨어져 나갑니다

한 걸음 한 걸음
집을 향하여 걸어갑니다
한 걸음 한 걸음
안식을 향해 걸어갈 때마다
수고한 마음이
하나씩 하나씩 녹아내립니다

한 걸음 한 걸음
미래를 향하여 걸어갑니다
한 걸음 한 걸음
도전을 향해 걸어갈 때마다
설레는 마음이
하나씩 하나씩 늘어납니다

복날

한 사람이 죽었습니다
강아지들은 죽지 않았는데
한 사람만 죽었습니다

또 한 사람이 죽었습니다
그런데도 사람들은 슬퍼하지 않습니다
강아지들은 깡충깡충 뛰어다닙니다.

또 다른 사람이 죽었습니다.
강아지들은 복날인데도 죽지 않고
팔딱팔딱 뛰어다닙니다

한 사람이 떠나갑니다
강아지들은 옹기종기 모여 앉아
멍 멍 멍 짖어댑니다

복날 화투판에는 매번
사람만 죽습니다

묵묵하게

세월이 생각 없이 지나갑니다
잘생긴 사람이든 못생긴 사람이든
배운 사람이든 못 배운 사람이든
가진 사람이든 못 가진 사람이든
편견 없이 공평하게 지나갑니다
세월이 생각 없이 지나갑니다
절벽 위의 소나무이든
창문틀의 바퀴벌레이든
바닷가의 모래알이든
세월은 차별 없이 흘러갑니다
그들이 어떻게 변화하든
모든 것은 자신들만의 삶이기에
자신들에게 모든 것을 맡기고
그렇게 묵묵히 흘러갑니다

정 영 숙

열두 가지 과일이 열리는 나무 외 4편

정 영 숙

그해 봄이었나 보다
겨자씨보다 작은 씨가 마음밭에 심겨졌다
씨앗은 자라 아름드리나무가 되고
장성한 나무에는 새가 와서 깃들었다
어두운 밤이 지나고 광명한 새벽이 왔노라
모두 일어나 아침을 맞으라
새로운 세상이 열리리니 귀기울이라
오색찬란한 새는 아름다운 목소리로 노래한다

일어나 문을 열고 나가니 놀라운 광경이 펼쳐졌다
그 나무엔 열두 가지 색깔의 과일이 주렁주렁 달려 있었다
너무도 신기하고 기뻐서 열매를 따먹어 보았다
그러자 마음엔 기쁨과 소망이 넘쳐났고
얼굴은 아름답게 빛이 났다
놀라운 것은 그 과일을 따서 먹은 사람들은
다시는 배고픔을 겪지 않게 된 것이다

그런데 늦잠을 잔 사람들은 아름다운 새소리를 듣지 못했고
당연히 과일이 주렁주렁 열린 것도 알지 못했다

그들은 여전히 불평과 불만을 토로하며 서로를 원망했고
기쁨도 감사도 없는 메마른 삶을 살아갈 수밖에 없었다
사람들이 몰려가는 넓은 길과 자신의 길을 택해가는 좁은 길
같은 시대 같은 하늘 아래 두 갈래의 길이 나타난 것이다

나는 손을 뻗어 그 열매를 따고 싶었지만
나무는 너무 빠른 속도로 자라 내손이 닿지 않을 만큼 멀어져 갔다
나는 눈을 감고 주문을 외웠다
내 키야 커져라 저 나무에 닿을 만큼 커져라
그러자 내 키가 순식간에 나무만큼 커져서
과일 하나를 따먹을 수 있었다
그 순간 나는 깨달았다
세상은 마음먹는 대로 되어지는 것이었다

어디선가 익숙한 목소리가 나의 귓전을 때린다
엄마 늦었어요, 밥주세요

왕비가 되다

일곱 살 어린 소녀의 머리엔 빨간 댕기가 예쁘게 묶여 있었다

소녀는 매일 꿈을 꾸었다

유리 구두를 신고 왕자님과 춤을 추는 날을 꿈꾸며 잠들곤 했다

언젠가 꼬옥 그날이 올 거라 믿으며 예쁜 꿈을 품고 기다렸다

그러나 그 길은 쉽지 않았다

소녀는 가시밭길을 지나 낭떠러지에서 떨어지기도 하였고

거센 물살에 휘말려 떠내려가기도 하였다

눈보라를 만나 손발이 꽁꽁 얼어붙기도 여러 번이었다

깊은 숲속을 지날 때는 마귀들을 만나 싸우기도 하였다

마귀를 물리칠 때마다 점점 더 센 마귀가 나타나 덤벼들었다

마지막엔 정말 크고 무서운 마귀대왕이 나타났다

소녀는 있는 힘을 다해 주문을 외워 마귀를 물리쳤다

그러자 땅속 깊은 곳에서 지옥의 비명소리가 들려왔다

돼지 때가 무더기로 동시에 비명을 지르는 처참 지옥의 소리였다

소녀는 있는 힘을 다해 도망쳤다

그 사이 소녀는 성숙한 숙녀가 되어 있었다
많은 연단과 단련을 통해 몸도 마음도 아름답게 성장해 있었다
어여쁜 신부가 될 준비를 단단히 한 것이다
그런데 왕자님은 보이지 않았다
왕자를 찾아 길을 나선 소녀는
길에서 구걸하고 있는 거지소년을 만났다
소녀는 그에게 왕자님의 소식을 물었고
그 거지소년은 함께 왕자님을 찾아보자며 소녀와 동행했다
소녀의 보디가드가 된 거지 소년은 점차 기품 있는 모습으로 변해갔다
알고 보니 거지 소년은 제우스왕의 잃어버린 외동아들이었다
왜소했던 모습은 날이 갈수록 수려한 모습으로 변모해 갔다
그는 모든 면에서 탁월한 재능을 보였고
소녀는 오랜 소원을 이루었다
소년은 제우스 왕의 뒤를 이어 왕의 자리에 올랐고

나는 모두의 사랑을 받는 왕비가 되었다
I am a very lovery queen.

그가 떠났다

오랜만에 큰 모임의 사회를 맡아 설레는 마음으로 키가 커 보이는

높은 통굽 부츠를 꺼내 신고 발걸음도 경쾌하게 집을 나섰다

리듬을 타며 기분 좋게 걷고 는데 오른쪽 발밑이 느낌이 이상하다

내려다보니 아 이럴 수가, 굽이 뭉개져 내리고 있었다

위기를 느낀 순간 뒤돌아 집으로 향하는데

악, 순식간에 반 토막 난 굽이 처참하게 나뒹굴고 말았다

얼핏 계산해보니 그와 만난 게 20년이 넘었다

그동안 숨막히는 공간 속에서 얼마나 오랜 시간을 홀로 외로웠을까

인고의 세월 속에 스스로를 태우며 억장이 녹아 내렸던 것일까

그가 이렇게 비참한 모습으로 내앞에 황망하게 무너져 내릴 줄이야

10년이면 강산도 변한다는데 어두운 공간에 갇혀 단 한번의 사랑을 얼마나 갈구했을까

그는 내 곁을 떠났다
뜨거운 사랑이 시작되려는 순간
가장 처절한 몸짓으로 온몸을 녹아내리며
내 사랑을 거부하고 내 곁을 떠나갔다

다시 이룰 수 없는 인연이기에 아프다

부뚜막의 시

시는 책상에 있다
시는 복도에 있다
시는 버스 정류장에 있다
시는 지하철 출구에 있다
시는 달리는 지하철에 있다
시는 버스에 있다
시는 엘리베이터에 있다
시는 식탁에 있다
시는 침실에 있다
시는 내 머리에 있다
내 눈 속에 있고
내 가슴속에 있다

다만 쓰지 않기에 존재하지 않을 뿐
시는 쓸 때만 있다
시는 부뚜막에 소금이다

오이도 행 열차

나는 오늘도 어김없이 오이도 행 열차에 몸을 싣는다
열차는 나의 공부방이며 도서관이다
이 시간이 나에겐 기분 좋은 창작 시간이다
안내방송을 통해 발음과 억양을 배우고
다큐를 보고 영화를 감상하고 시상도 메모한다
천오백 원만 지불하면
열차는 나에게 많은 것을 선물한다

그동안 막혀있던 시상이 떠오르고
지나가는 가로수만큼 글제들이 몰려온다

철커덕철커덕 여름이 가고
철커덕철커덕 가을이 간다
철커덕철커덕 해바라기가 가고
철커덕철커덕 벌판이 간다

하늘은 습작노트가 되고
열차바퀴소리는 연필이 된다

남 희 철

추락하는 날개에게 외 4편

남 희 철

도도한 세상의 빗장을 풀고 영원한 탈출을 꿈꾸던 너는 눈감은 진실의 호주머니를 뒤지고 있다 네 삶의 모퉁이에 남겨진 마지막 사자밥을 먹고 너는 그렇게 그 먼 하늘을 날아가고 있다 나는 내 아버지의 장례식 날에도 너의 울음소리를 만져보았어 만장을 앞세워 길을 떠나는 발걸음이 아쉬워 쳐다본 하늘에 긴 꼬리를 흔들고 우레소리로 날아가는 너의 흔적

그것은 가슴속 작은 불씨 하나가 살아나 불덩어리로 커져 제 한 몸조차 태워버려 마지막 남은 깃털로 라도 가고자 하는 욕망이었다 날아간다는 것은 살아 있다는 것 알 수 없는 울음소리로 길을 잡아 윤회의 강을 건너면 백번을 다시 태어나도 지금은 어제인 걸 너는 너의 부리로 너의 깃털을 뜯어 황금빛 수의를 지어 입었어 해질녘 서둘러 둥지를 찾는 너는 너의 그 단단한 부리로 세상을 붙들고 안전한 착륙을 꿈꾸었지

흐느적거리는 날개를 접고 비겁한 대지에 발을 내디딘 너는 세상과 가위 바위 보를 하는 야바위꾼이야 신림동 고시촌 한 귀퉁이에서 비상을 꿈꾸는 청춘들을 끌어 모으려 하지마 칠흑 같은 어둠을 날고 있는 너는 시

퍼렇게 날이 선 새벽이 올 때까지 너의 날개를 쉬지 말아야 해 날카로운 기류에 퇴화된 시력으로 세상을 보려 하지 마 본능적으로 착륙점을 찾고 있는 너의 노련하고 억센 발톱의 감각을 믿어야 해

끝없는 비행의 종착역 에서 산산이 부서져 세상에 흩뿌려질 너의 잔해 속에서 폐허가 된 시인의 심장을 건져 올려봐 아이가 세상을 잉태하고 이제 막 태어난 가지에 첫 번째 열매가 열리면 축제의 너른 마당에 커다란 가마솥을 내다 걸고 사방에 뿌려진 너의 깃털을 모아 꺼지지 않는 불을 지펴봐

몇 겁의 세월이 지나 너의 겨드랑이에 새로운 생명이 돋아날 테니
다시는 추락을 꿈꾸지 마

민주라는 청년에게

가을이 몰고 온 바람이 거리에 마른 잎을 날리고
마중을 나온 11월은 외투 깃을 세운다
이맘때쯤이면 그리워지는 얼굴이 있다
그는 덕수궁 돌담길 모퉁이와 종로 피맛골
통금이 지난 명동거리를 쏘다녔다
장발단속에 도망 다니다가
음악다방에서 금지곡을 시켜놓고 귀가 얼얼해지도록 들으며
해방감을 느끼던 청춘이었다
쉘브르에서 생맥주를 마시고 술에 취해
시청 앞 분수대에 오줌을 싸대며 객기를 부리던 그
매캐한 최루탄 냄새에 범벅이 되었던 학교생활
보도블록을 깨 던지며 격렬히 저항했던 그
길거리 전파사에서 흘러나오던 통키다 선율에 몸을 흔들던
그는 어디로 간 것일까

젊은 날의 회상

한 소년은 가늠할 수 없는 혼돈 속으로 나를 보냈다

진실은 모른 척 낮잠을 자고 절망은 가면 속에서 웃고 있었다 시간이 감에 따라 길어지는 그림자를 붙들고 다가올 어둠을 기다렸다 횡단보도 건너편 익숙한 도시에 불이 켜지고 흘러가는 사람들의 발걸음은 싸구려 유혹을 피해 돌아갈 길을 찾았다 어둠의 깊이가 깊어질수록 욕망의 끈은 느슨해지고 비겁한 침묵의 변명은 고개를 숙였다

내 젊은 날 한때는 세상이 온통 어둠이던 적이 있었다 그 어둠에 녹이 슬어 풍화작용이 벗겨낸 내면을 드려다 보다가 웅크린 절망의 실체를 만났다 벗겨진 가면 속 민낯에도 그는 당당했고 저항할 수 없는 초라한 인간의 변명은 구차했다 그때 별이 다 쏟아져 내린 뿌연 도시의 밤하늘엔 아무것도 없었다 서쪽 끄트머리에 걸려있던 손톱달이 소복으로 갈아고 있었다 예정된 운명이 은근슬쩍 내 손을 잡아끌었다

그렇게 내 추억은 수십 년 동안
아무 말 없이 나를 따라왔다

가을애상

마당에 모닥불은 사위고 굿판은 끝났다
광대도 없고 고수는 벌써 집엘 갔다
객도 주인도 떠난 빈 자리
철딱서니 없는 하루살이만 악다구니를 쓰고
천지간에 분수를 모르는 개구리들은
우물 안에서 짖어댄다
갈바람에 밀려 드러난 하늘엔 처량한 그믐달
무엇을 기다리고 있는 것인가
축제는 끝났고
더 이상 광장은 우리의 것이 아닌데
귓가에 아직 날라리소리 쟁쟁하건만
상쇠는 간데없고 멍석 위엔 주인 잃은 꽹과리
돌아서 가는 길에 쓸쓸한 가로등만이
이 도시를 지키고 있다
이젠 여름의 흔적은 어디에도 남아있지 않다
그 뜨거웠던 거리에 잎이 지고
길거리 포장마차에도 시장통 노점상 좌판 위에도
가을이 툭 툭 지고 있다
가슴을 에일 듯 절절했던 약속은 희미해졌고
다시는 세상에 오지 않으리라
통한의 아쉬움도 처연한 추억이 되었다

보이지 않으려 고개를 들어 흘렸던
눈물의 의미도 더 이상 나를 흔들지 못한다
부질없는 욕심은 다 놓아버렸어도
한 줄기 미련만이 남아 나를 붙드는데
저만치 앞서간 세월이 '어서 오라' 재촉한다

시월이 가고 있다
내 가을이 가고 있다

나이 듦에 대하여

깊은 밤 갑자기 깨어나 잠깐 당신을 보고 왔습니다
이러면 안 되는데 하면서도
요즘 부쩍 당신 보고픈 맘을 참기 힘듭니다
황혼 로맨스
동네 병원집 잘 아는 영감태기 왈
자연스런 바람이랍니다

밤에 마누라 몰래 당신 보러 다니기도 힘들고
요강이나 하나 마련할까요?

유현상

새 옷을 마름하며 외 4편

유 현 상

앉은뱅이저울 눈금이 애기 걸음으로
온 산을 오색찬란하게 색칠하며 7부 능선을 오른다
검정 뱀의 생채기 난 꼬리도
날숨에 고향 집이 그립다
숲속 고목의 나이테
햇살의 간지러운 애무를 받아
배불뚝이가 돼서 병원을 찾아갔다
청진기를 대고 한참을 살피더니
시접이 없어 허리를 늘릴 수 없다는 진단이 나왔다
수술해서 뱃살 한 움큼을 제거하잖다
나는 그동안 맞지 않는 옷을 입고 살았다
내 사고를 뜯어고쳐야 하는 거였다

고정관념을 벗어버리고 새 옷을 마름해야한다
단풍을 보기 위해서는 설악산 행 차를 타야 한다

단호박의 꿈

올곧게 자라서 세상의 중심에 서라는
어머님의 가르침에 따라
자세를 낮추고 겸손하게 우주를 향해
베토벤 터키행진곡을 불었다

지구가 뜨거워서 몸살을 앓을 때
가슴에 마르지 않는 샘물을 파고 싶었고
태풍 콩레이가 하산하여 바다를 날아올 때엔
사랑으로 방파제를 만들고 싶었다

나비가 젖은 날개를 널어놓은 아침
하늘에다 동그라미 하나를 그렸다
그 안에다 옐로우의 의미를 써넣었다
노랑 케이크 떡집 호박죽 웨딩홀 주스

하늘색 정장에 흰색줄무늬 타이를 매고
생일을 기다리고 있다
생일축하 노래를 부르고 촛불이 꺼지면
사랑스런 그대와 달보드레한 입맞춤을 하리라

사랑의 마법사
– 아내에게

꿈결에 아득히 들려오는 종소리
새벽은 달걀과 바다를 낳는다

이거 줄까 저거 줄까
식탁에 앉은 우리에게 정성을 얹어준다
한바탕 야단법석을 치른 후에야
자신은 지쳐서 출근한다

시곗바늘도 피곤이 덕지덕지 낀 늦은 시간
드라마를 보면서도 안절부절이다
언제 올 거야
귀찮게끔 전화하며 차 타면 전화하라는 당부에
나 차 탔어
연락을 받고는 집이 가까워질 즈음 전화하면
졸던 딸 왈
나 내려야 해, 엄마 끊어

이웃사촌

꽃보다도 이웃이 중요하다는 걸
전철에 앉아서야 느낌표를 찍었다

현관문을 나서면 어김없이 받는 인사
테너 바리톤 소프라노의 합창소리
반가워서 그런 건지 이방인 취급을 하는지
고개를 갸우뚱하며 귀엣말로 넌 앞집도 모르냐
한여름에 솔로로 전향했다는 소문
메조소프라노 독창을 들으며 외출한다

대열에 합류해서 좌회전 차선으로 들어서는데
두 눈을 껌벅이며 고성의 일갈에
기절초풍해서 심장도 제자리에 멈추어 섰다
중앙선을 넘어 겁을 상실한 몰염치에 망연자실한다

이런 개새끼
하필 이럴 때 이웃사촌이 생각날 게 뭐람

방송대 국어국문학과

한번 기회를 놓치면 그 기회란
마음 떠난 임 잡기보다 어렵다지만 사랑은 다시 오는 것
응어리진 한을 푸는 데는
할 수 있다는 용기가 필요하다
나는 해질녘의 노을 진 강가를 거스르며
뒤늦게 동숭동 캠퍼스에 뿌리를 내린다
스터디 룸에 둘러앉아 맞춤법과 표준어 강의를 들으며
인연의 맞춤법과 진리의 표준을 가늠한다
카톡방을 노크해서 안부를 묻고
새내기의 무모를 선배들에게 강요한다
족발집에 모여 걸쭉한 시어를 마시며
남의 일만 같았던 만학의 꿈을 펼친다
늦게 개업한 25시마트
서로 의지하며 물들어가는 황혼이 아름답다

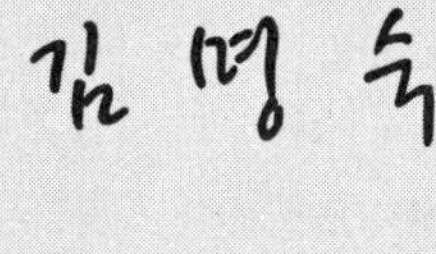
김명숙

독도에 닿는 법 외 4편

김 명 숙

내 머리에는 뿔이 달렸어
헤엄치다 보면 나의 블랙홀에 먹잇감이 포획되곤 하지
하루가 무료해지면 지그시 눈을 감고 바닷물에 몸을 맡겨
파도에 이리 저리 밀리고 밀리다 보면
어느새 나는 독도에 이르러 눈을 뜨지
비행청소년은 괜히 생기는 게 아니야
이성을 억누르지 못할 때 비행은 시작되는 거지
그럴 때 설왕설래가 우후죽순으로 자라곤 해
나도 비행청소년이 되고 싶어
허튼소리 해대는 놈들을 이 뾰쪽한 뿔로 냅다 들이받고 싶어
나의 깊고도 둥그런 블랙홀에 빨아들여
몇 날 며칠을 되새김질 해가며 잘근잘근 씹어 먹고 싶어
하지만 영양가 없는 말들로 내장을 채우고 싶진 않아
코도 풀지 않고 자기네 땅이라고 우겨대는 저들
종국엔 세종대왕도 저들의 왕이라고 우겨댈게 뻔해
차라리 그 검고 흉악한 속내를 갈매기 먹이로나 던져줄래

비수 같이 푸른 독도의 바닷물로 괭이갈매기의 부리를 닦게 할래.

갯메꽃

해가 뜨고 지는 일상이
전광판의 광고처럼 삽시간에 흘러가 버렸죠
나를 잡아 흔드는 소리에
아득해지는 정신을 곧추 잡아야 했어요
나를 부수고 깨어나는 일, 쉬운 일만은 아니죠
어느 한 선택을 위해선
다른 또 하나의 선택을 저버려야 한다는 것.
그러기 위해선 철저히 나를 깊은 수렁의 연처럼
모래 속으로 더욱 더 침참시켜야만 한다는 것을 알게 되었죠.
한 알의 밀알이 떨어져…
간간히 어루만져 주고 가는 바람의 중얼거림에
조금씩 힘을 내며
안개비가 해안선에 흰 발 내딛어 가듯
한 뼘 한 뼘 해안을 향해 덩굴손을 뻗기 시작했어요
멀리서 구름을 타고 안개비가 내리는 듯해요
쏴아…
푸르고 깊고 청량한 소리가 귓전에 들려와요
어느덧 내 몸에 분홍나팔귀가 돋아났어요

이제, 바다의 소리 죄다 들려요

도편수都片手

그에게 삶은 그리 녹록치 않았다
거역할 수 없는 삶의 무게가 그를 억눌러 와도
결코 비굴하게 굴거나 나뒹굴지 않았다
준비되지 못한 삶이라 해도 버릴 수는 없는 것!
역발상을 즐기는 그를 위해
나무들은 기꺼이 먹칼에 제 몸 내어주며
여의주를 문 용이 되어 주기도 하고
한옥, 대웅전이 되어주기도 하고
둥글게 말아 올린 대팻밥이 되어 주기도 했다
나무 냄새를 좋아한 그는
개미핥기처럼 킁킁 냄새를 맡아가며
뒤틀린 삶의 처마마다 단단하게 서까래를 올려
지나가는 바람 한 점에도 틈을 내어주지 않았다
그리하여 살아남기 위해 시작한 먹칼이
뚱땅거리며 기둥을 세우고 집을 세울 때 마다
그에게 밥을 공양해 주었으며
저축한 불행의 만기를 도래시켜 주었다

솟대

우주목에 앉아
활주로 앞에 선 비행기처럼
하늘을 응시하는 새

새는 온몸으로 소리를 듣는다

풍년 들게 해달라고
만선 되어 돌아오게 해달라고
간절히 기도하는 소리를 듣는다

기우는 해를 부리에 물고
날갯죽지에 힘을 뻗친다
지평선을 끊고
공중을 박차고 오른다, 솟구쳐 오른다

꿈꾸는 자만이 꿈을 이룰 수 있으므로
새는 하늘을 향해 깃을 세우고
사람들은 꿈을 위해
지상에 안테나를 세운다

봄 운주사

봄꽃이 벙근
운주사에 가면

꽃향기에 취해
길바닥에 주저앉은 돌부처가 있고

꽃향기를 하도 맡아
콧등이 문드러진 돌부처도 있고

꽃향기에 어지러워
산중턱에 드러누운 와불도 있고

박 영 재

그림자사랑 외 4편

박 영 재

보이지 않는 사랑도 볼 수 있어야 하는데
다 크도록 볼 수 없었다
어머니 사랑만 사랑인 줄 알고 살아와
보이는 사랑만 사랑인 줄 알았다

눈 감아도 떠오르지 않는 사랑
어디에도 보이지 않았던 아버지 사랑
보이지 않았지만 늘 그 자리에 있었고
어려운 수학공식처럼 노력해야만 보이는
아버지 사랑은 크고 깊어 잴 수 없는 그림자사랑이었다

나무의자처럼 딱딱하고 차가운
없는 것 같은 그런 사랑이
아버지 사랑이었다는 것을 이제야 알았다
그런 아버지 사랑이 나를 슬프게 한다

가족이라는 이름으로

요리책 뒤적이며 하루의 정성을 쏟았지
밥이 죽이 되고 찌개가 국이 되고

가족이라는 울타리에 나를 내려놓고
조심스럽게 희망을 꿈꾸고 살았지

때묻지 않은 마음들이 오순도순 모여
사랑만을 이야기했지, 흘러 넘치도록

저녁이면 둘러앉아 시간 가는 줄 모르게
웃음꽃 피우며 역사를 써댔지

대식구 함께 살아도
육고기 몇 점 넣은 찌개냄비 앞에

보글보글 사랑이
가족이라는 이름으로 쑥쑥 자랐지

전철

너는 늘 내게 따뜻했지만
나는 너를
늘 이용하기만 했지

너는 늦은 귀가에도 기다려주었고
연락 없이 불쑥불쑥 찾아들 때도
반갑게 맞아주었지

반복되는 일상 속에서
짜증나는 일도 많을 텐데
너는 어머니처럼 따스한 가슴을 가졌나봐

언제나 나를 불평 없이 맞이하는 너에게
고맙다는 말 한 번 못했네
미안하다 친구야

개떡과 찰떡 사이

- 친구의 영전에

어이 친구
선생님이 물고기가 드시고 싶다 해서 물고기 잡아다 드리고
수업을 농땡이 쳤다는 이야기는 내가 비밀로 해줌세
넌 어느 해 여름 날 딸만 낳은 나를 콕 찍어
마누라가 오늘 애를 낳았는데 또 지지배를 낳았다고 푸념했지
그 딸년이 나를 안 닮은 것 같다고 한 것도 봐줌세
과외도 안 시켰는데 1등이라며
그래도 자넨 자랑하고 싶었던 거야
동네 우물에 미숫가루 쏟아 붓고
동네 사람이 다함께 먹자고 했다가 되지게 혼났다는
자네는 착한 사람이었어

개떡 같은 세상에 사느라 수고 많았네
찰떡 같은 세상에서 찰지게 잘 사시게
잘 가시게 친구, 안녕

시장 가는 길

애물단지라더니 그 자식이 애어미가 되었는데도
떨치지 못한 걱정이 나를 끌고 시장엘 간다

아무것도 하지 말라는 말이 귀에 생생한데
소리 없는 웃음이 시장으로 향한다

얻어먹은 간장게장 떠올리며
살이 꽉 찬 놈으로 넉넉히 샀다

봄소식 한아름 안고 올 예쁜 꽃들이
벌써부터 기다려져 시장 바닥을 동동거린다

전 하 라

나는 병풍이다 외 4편

전 하 라

그이가 아프다는 슬픈 소식에 눈물이 뭉텅 차오른다
그의 아픔을 대신 아파줄 수 없이
그저 바라만 보아야 하는 나
내 기운들이 하나씩 수몰되며 숨을 죽이고 있다
머리가 쭈뼛 서는 말들에 지레 겁을 먹고 서성거린다
어렵다고 말하기엔 이미 지나버린 일들이
제 속살을 드러내며 검은 피를 토해내고 있다
10여 년이 되어가도 병풍으로 서 있는 꿈의 사각지대
황금의 지도를 손에 쥐고도
떡 버티고 있는 세월의 완력에 지친 나,

이제 나를 걷어내고
순풍의 문을 열고 싶다

언어 체인저

오라클행성으로 향하는 2080 J- HR2018호
시그널에 잡힌 안개수칙에
적정부호는 4도 반경내의 분할 비율을 찾아내는 것이다

빛나는 별의 생존 수를 줄여라

생존 서바이벌 헝거게임*에서 이기지 못하면
나갈 수 없는 극한 상황에 처한 주인공
하나의 장벽을 넘을 때마다
피의 전극에 퍼지는 희열보다
공포감으로 역류된 고통에 시달린다

빅뱅의 시간이 오고 있다
말을 침묵의 능력으로 전환하라

1인치의 꿈, 줄임표

약수역에서 잠시 쉬며 6호선을 기다린다

4-3으로 넘어서려는 뱃살경제는
3-3의 경계에서 1인치의 감가상각을 꿈꾼다
목련꽃잎을 겹쳐입은 봄의 칼라가 다르듯이
갑질하는 뱃살경제는 혼선에 빠진다
주저리 주저리 먹어대는 주전부리
뻥 뚫린 짱구과자에 지방이 솔솔 빠져나가는 꿈을 꾼다
좀처럼 줄지 않은 나와의 1인치
3-3에서 콜라병 몸매가 문을 연다
실 경제 기대치 2-6 발목에 묶인 붉은 하이힐

여름을 향해 걸음을 재촉한다

고무밴드 별

딸이 고무밴드로 별을 만들어 보인다

나는 아들 많은 집에서 별처럼 태어났다
하지만 언제나 딸을 보살피는 것은
엄마의 손길이 아닌 아버지의 몫이었다
논밭에서 일하시는 엄마를 대신해서
아버지 손에 들려진 것은 참빗과 고무밴드다
하얀 서캐를 잡고 토독거리는 이를 잡아주는 것도
아버지였다

그런 나는 하원산을 누비는 흑진주 별꽃이었다
들로 산으로 냇가로 뛰어다니다 지치면 아버지에게
달려와 머리를 내민다
귀찮기도 할 텐데 아버지는 머리를 곱게 빗어 고무
밴드로 묶어준다
까맣게 그을린 얼굴에 태양빛이 난다

대지의 딸로 태어난 나,
얻어다 입힌 치마는 오뉴월 해처럼 길었다

클렌징폼

씨크하게 계절을 벗고 엘레강스를 소식한다
외투에 스민 뷰티플한 맵시를 벗어내리고
한 입 덜컥 새우잠을 털어낼 때
껍질에 배인 하루가 스륵 내려진다
오지페퍼[2] 붉은빛으로 감싸쥔 입술이 12시를 알린다

황금마차는 늙은호박으로 굴러가고
마부들은 이빠진 생쥐로 꼬리를 내리고
어느새 신데렐라는 줌마렐라가 되어
긴 머리를 틀어 묶는다

달콤 섹시한 화장술은 퍼프로 지워지고
보글거리며 씻겨내주는 하루의 수고가
거품옷을 입는다

발칙한 일상이 조용하게 목을 조아리며
이불을 덮는다

---

2) 립스틱 이름

양 을 순

가을산의 일기장 외 4편

양 을 순

햇살이 짧아지고 날이 스산해지면
나무들은 일기를 쓴다

지나온 시간과 다가오는 시간의 일들을
각자 다르게 표현한다

상수리나무와 밤나무는
야생동물들과 함께 갈색 일기를 쓴다

단풍나무들은 꽃도 열매도 맺지 못함이 부끄러워
스스로 붉게 칠하며 그림일기를 쓴다

만고풍사의 소나무는 선생님처럼 팔짱끼고
그림일기를 쓰고 있는 친구들을 관망하고 있다

온 몸으로 써 내려간
나무들의 그림일기를

오미자 시

시 창작 수업이 있는 날이다
남편의 생사를 지켜보아야 했던 팀장님이 나온다는 소식에
학습관으로 향하는 발걸음이 깃털처럼 가볍다

꺼져가는 생명을 구해낸 큰바위 마음 선배님과
큰 바위 옆에 작은 바위들 수업 때면 만나던 얼굴들
오늘은 더 큰 설렘으로 다가온다

첫 시간이 끝나고 간식시간 옹기종기 모여선 표정들이 해맑다
평소 좋아하던 지인을 멀리 보낸 날이며 팀장님이 수업에 나온 오늘은
슬픔과 기쁨이 교차하는 날이라고 선배님이 말씀하신다

선배님 얼굴에서 오미자가 떠오른다
이미자는 노래를 잘 부르고 사미자는 탤런트인데
우리는 오미자처럼 여러 가지 맛을 내며 사는 사람들
한풍 미풍 열풍을 지나온 사람들이
오미자 맛을 내기 위해 모여 시를 배운다

사람 사는 세상

날이 스산해지면 모두들 김장준비에 분주하다
작은 체구의 개성 강한 생강은 복잡한 거리를 헤치고 먼저 도착해있다
한 성격하는 청양고추와 순한 고추를 부른다
전북 부안에서 소식을 들은 양파도 한걸음에 달려온다
통영 남해바다에 사는 굴은 콘크리트 벽을 부수고
알몸으로 버스 짐칸에 숨어서 온다고 기별을 해온다
트럭을 타고 뭇사람들의 부러움을 한 몸에 받으며
피부미인 무가 고운피부 자랑하며 등장한다

먼저 도착한 가슴 넓은 배추는 살아온 지역과 성격이 다른
사람들을 품기 위해 자신의 몸에서 근육질을 빼는 중이다

순환

동학사 계곡에서 맑은 물소리가 들린다
물소리를 따라 계곡을 올라가니
깊은 물은 소리 없이 흐른다

쫄 쫄 쫄
소리를 따라가니
얕은 물이 소리를 내고 있다
몇 걸음을 옮기자 바위와 자갈 위에서
누런 이끼가 끼어있다
흘러내리지 못하고 고여 있는 곳에서
뗏장 같은 이끼가 눈에 들어온다

눈에 들어온 이끼가 말을 건넨다
물이 고이면 나처럼 썩고
마음을 가두면 동토가 생긴다

들꽃의 말

바람아 바람아
내 말 좀 들어보렴

너는 차별이란 말을 모르지
찔레꽃 호랑이꽃 제비꽃

모두에게 다가와
세상 소식 전해주지

습한 산골짜기
고비 밥까지

이 순 복

원흥역의 관광해설사 외 3편
- 출석수업을 받으며

이 순 복

원흥역으로 여행을 간다
내가 그토록 원하던 여행, 어떻게 하면 흥할까 꿈꾸며 여행을 간다
고전시가론을 만나 옛 시가의 미로를 헤매고
우리말의 구조에서 구조의 손길을 잡아
문학비평론에서 사는 걸 비평하고 싶어 원흥으로 떠난다
그곳에 가면 확실한 관광해설사가 있다
우리가 신라시대와 고려시대의 시가를 헤맬 때
자세하고 세밀하게 가르쳐주는 해설사
모순의 바다에서 표류하는 나를 구조하는 해설사
스스로를 비평하며 문학이란 큰 명제 앞에 무릎 꿇으려 할 때
손을 내밀어 일으켜 세우는 해설사
시시때때로 누가 오고 안 왔는지 체크해
모두 함께 데려가려는 그의 말을 잘 들어야 한다
졸려도 안 되고 딴 짓해도 안 되고
쫑긋쫑긋하게 귀를 세우고 들어야 한다
스스로 선택해 떠나온 여행
온 몸으로 이해하며 즐겨야 한다

밤의 색은 밤색

밤꽃은 까만 머리 위에
살짝 세월의 흔적으로 하얀 머리로 얹어준다
가만 밤을 몇 밤이나 지새워야
저리 고운 밤꽃이 피는 것일까
이웃들은 부러움에 덩실덩실 춤을 추며
안아주고 키스하고 돌아간다
여러 손길을 받으면 밤나무가 잉태를 한다
애기 집은 무엇도 침범하지 못한다
온통 가시로 품고 있다
따스한 여름이 가고 서늘한 가을이 오면
꼬옥 감싸 안고 있던 애기 집이 벌어지면서
고운 빛으로 다산의 풍년을 알린다

여러 날 까만 밤을 지새운
밤의 색은 밤색이 된다

나는 나름 나른

8월 3일 오후 3시
나는 나름 나른공화국의 국경을 넘는다
하늘의 구름이 나른나른 흘러가고 있다
나름 삶은 옥수수를 한 알 두 알 뜯어 먹으며
나른한 하늘을 바라고 있다
나름의 길목이 스스로 길을 잃고 나른해져 쉬고 있다
아파트 베란다에서 바라보는 잡초들이 나름 나른함을 견디기 위해
억지로 고개를 쳐들고 푸르게 나른하다
주위는 온통 매미소리와 달리는 자동차소리
비몽사몽간에 나른공화국의 영토가 확장되고 있다
나는 나름 정신을 차리려고 찬 물을 끼얹다가
나를 나름 나른공화국의 충실한 시민으로 부추긴다
나른공화국에서 오수(午睡)는 금물
힘겨운 눈꺼풀의 무게를 견디는 것은 나른공화국의 의무다
나른공화국의 영토는 무력(無力)만으로 확장된다
창 너머로 살랑살랑 불어오는 가을바람만이
광활한 나른공화국의 유일한 정복자
매미합창단의 승전가는 이제 곧 멈출 것

나른공화국의 패망됐다는 귀뚜라미의 타전소리가 들릴 때까지
나는 뭐라 지껄이는 TV를 게슴츠레 바라보며 시민의 의무를 다할 것이다

내 고향 산천길

우리네 태어난 곳은 시골 촌동네랍니다
공기 좋고 물 맑고 산으로 휘감은 마을
내소사 가는 길은 전나무로 유명하고
직소폭포 가는 길은 소나무가 즐비하죠

우리네 자란 곳은 시골 촌동네랍니다
비포장 길이라 버스가 지나가면 먼지가 풀풀 날렸답니다
전기도 늦게 들어와 호롱불을 켜고 살았답니다
시골길을 걷다보면 밭두렁이 온통 곳간이었답니다
그래서 가던 길도 멈추고 목화다래 따먹고 보리이삭 구워먹으며
주인의 허락도 없이 친구들과 웃으면서 많이도 먹었답니다
지금은 아무리 내 고향이라도 맘대로 농작물에 손을 대면 팔목에 은팔찌 끼워주겠지요

이제 내 고향은 촌동네가 아니랍니다
좁은 도로 넓히고 아스팔트 포장되어
자전거도로 사람도로
널찍널찍하게 폼 잡은 태평양길

내소사는 내가 다닌 소풍길이었는데
지금 내소사는 여행자로 가득하죠
내가 자랄 땐 깡촌이었는데
한 번씩 시골에 내려가게 되면
이젠 많이도 변해버린 세월의 흔적에 나도 깜짝깜짝 놀라게 된답니다
고향에 부모님이 안계시지만 부모님 향수에 가끔 내려가지만
집집마다 굴뚝에서 연기가 올라가고
저녁때면 밥 먹어라 부르던 어머니의 정겹던 소리도 이젠 들을 수가 없습니다
식구들이 옹기종기 모여 시끌벅적 밥 먹는 소리도 들을 수가 없습니다
시골에 가도 시골이라 부를 수 없는 도시화된 시골 동네
그래도 어머니가 보고 싶습니다
늘 분주하게 뛰어다니시던 어머니가 보고 싶어요

전철

너를 만나러 간다
많은 사람들 틈에 너를 몰래 만나고 싶은 것은
내겐 숨기고 싶은 비밀
너는 참 속을 알 수 없는 친구다
못나고 배우고 못 배워도 멋지고 남루해도
너는 누구든지 함께 동행해줄 줄 아는 멋진 친구다
하지만 다급하고 무례하게 행동하는 자에겐
단호하게 마음의 문을 닫아버리는 네가 좋다
수락산에 가자 북한강에 가자 영화 보러 가자
나는 가지가지 조건을 붙여 너를 괴롭히지만
그때마다 너는 거절 없이 동행해준다
나는 너를 만나면 마냥 좋다
추워도 더워도 알아서 케어해주니 아무 일이 없는데도
그저 너와 함께 있고 싶어 약속 없이 나갈 때도 있다
너는 눈이 심심하면 멋진 풍경도 보여주고
코가 심심하면 여러 가지 삶의 진한 향수를 날려주고
귀가 심심하면 맛깔스런 음향소리도 들려준다

많은 사람들이 고생 많은 엄마의 전철을 밟지 않으려 했지만
어쩔 수 없이 엄마가 되는 것처럼 나는 또다시 전철을 밟는

강 원 자

임산부보호석 외 4편

강 원 자

지하철 임산부 보호석에 죽정이가 앉아있다
주름진 얼굴에 흰 머리
퀭한 눈은 초점을 잃었다
쭈글쭈글한 손에 손가락 마디가 굵다
그녀도 새색시일 때 홍싯빛 얼굴에 진달래 입술을 칠했겠지

허리를 굽혀 가마솥에 밥을 짓고
맷돌 갈아 술을 빚어 시부모 봉양을 했을 터
아들 딸 낳아 가문의 할일도 다하고
팔 걷어붙이고 콩 심고 팥 심어 아들 딸 공부도 가르쳤다
부뚜막 쓸고 닦고 앞마당 마루도 쓸고 닦았다

늙은 호박이라며 너무 웃지들 마소
임산부보호석 뭔지 모르고 앉았다고 너무 나무라지 마소
지금은 죽정이인 나도 몇 번씩 속에다 알맹이를 기르며
버스 타고 걷고 걸어 친정 나들이 했다오

사, 4, F

어느 날!
세 친구들이 봄나들이를 나섰다
인사동 찻집에서 계란 동동
모닝커피를 마시고
동숭동 대학로 책방엘 갔다
4가 수학책을 집어들었다
유난히 수학을 좋아하는 그는 천재다
F가 영화구경을 제안했다.
'라라랜드' 컴컴한 극장에서 그들은
서로 손을 잡았다
그들의 우정이 봄 햇살처럼 따듯했다

출출한 저녁시간 맛있는 식사를 하러
그들은 엘리베이터를 탔다
4가 F에게 말했다
내 자리를 뺏은 것은 너야!
F가 동그란 눈으로 말했다
나를 데려온 것은 너의 나라야!
4가 이번엔 사를 보며 호통을 쳤다
넌 왜 항상 내옆에 있었니?
사는 빙그레 웃으며
말없이 두 친구를 껴안았다

벚꽃 지던 날

경칩이 한참 지난 어느 날!
개구리 부부는 신혼살림을 차렸다
고향 논을 떠나 언덕 위 벚나무에 보금자리를 마련했다
알콩달콩 깨소금 신혼이 지나고
엄마 개구리는 산달이 되어 아기들을 낳았다
눈이 까맣고 입술이 연분홍인 아기들은 벚꽃을 닮았다
아침이면 참새가 이슬과 놀러오고
낮에는 까치가 나뭇가지 장난감을 가져왔다.

그런 4월 어느 날!
바람이 비와 함께 놀러왔다
아빠는 춤을 추고 엄마는 노랠 불러 그들을 대접했다
심술장이 바람은 아기들을 흔들어대고
샘 많은 비는 아기들을 언덕 아래로 내 몰았다
지나가던 개미부부가 아기들을 품에 안았다
아빠 엄마가 깜짝 놀라 아기들 옆으로 달려왔다

징검다리

우리들의 얼굴은 각양각색이에요.
바닷가 모래밭이 고향인 아이는 까만색 얼굴
산속 바위 옆이 고향인 아이는 회색빛 얼굴
우리들의 키와 몸집도 다양하지요
나이 어린 아이는 키가 작고 통통하고
나이 많은 아이는 키가 크고 비쩍 말랐어요
우리들은 다 함께 친구가 되기로 했어요
마을 옆 개울가가 우리들의 놀이터에요

어느 날 윤 초시네 계집아이가 소년과 함께 우리들 놀이터로 놀러 왔어요.
그들은 개울물에서 물수제비뜨기 놀이를 하다가 개울물에 퐁당 빠졌어요
놀란 우리들은 그들의 젖은 몸을 개울가 옆 풀밭에 뉘었어요

그 뒤 한참이 지난 후에
황순원 작가는 그 계집아이가 폐렴이 들어 죽었다고 하네요
우리들은 그들의 아름다운 풋사랑을 오래 기억하고 있답니다

나는 선인장

내 마음밭에 하나 둘
가시 키우고 있었네
상처의 가시 미움의 가시
원망의 가시 편견의 가시
오늘 나는
봄창가에서 마음을 열었네

따듯한 햇볕에 가시들을 꺼내놓네
하나 둘 가시들이 꽃으로 피어나네

사랑의 꽃 감사의 꽃
수용의 꽃 이해의 꽃
부드러운 봄볕에
내 마음 꽃밭이 되었네

정 춘 미

어머니의 모시옷 외 4편

정 금 미

하루 종일 손질하여 완성된 모시옷
삼베주머니에 밥을 넣고 으깨어 풀을 먹이고
발로 밟고 말려서 다듬이질하고 다시 말려
한 여름에 숯을 피워 다림질하면
온 세상을 날 수 있을 것 같은
천사의 날개가 완성된다

그 천사의 날개옷을 입으시고
외할아버지 제사에 가신다
장마철이라 도랑물이 불어서
건널 수 없는 어린 나를 업고
귀하게 손질한 치마를 척척 걷어 올려
살수대첩처럼 건너시던 어머니
구겨진 옷자락을 보고 아쉬워했던 그 아이가
어느새 그쯤 나이가 넘었다

목련이 되다

마곡사 경내 나무들에 갖가지 꽃이 피었다
연못의 연꽃은 그 꽃을 보기 위해 올려다보아야만 했다
아이 고개야, 그만 내려다봐
나무의 꽃들이 연꽃을 내려다보아 신경질도 난다
다른 꽃들은 땅에서 피고
나무에서 피는데 나는 어찌 연못에서만 필까
그러다 기발한 생각이 났다
스님의 바지춤을 붙들고 올라가자
연꽃은 스님 바지춤을 잡고 올라 나무로 옮겨 붙었다
나무에 올라간 연꽃이 내려다보니 또 다른 세상이다
멀리서 오는 사람들 얼굴을 먼저 볼 수 있고
밑에서 연인들의 웃음소리도 들린다

에라, 난 안 내려갈 테야
그때부터 연꽃은 목련이 되었다

끝은 시작

까마득히 멀었던 시간은 가고 있다
입학원서를 내던 4년 전
함박눈이 오락가락 하던 날이 생각나는데
어느덧 졸업을 앞두고 있다
첫 과제를 내던 시기에 공부는 때가 있다는 것을 절감했다
독수리 타법에 받침은 가물가물
띄어쓰기에 구두점은 어디에 붙여야할 지
깜박깜박할 나이에 어이없는 노릇이었다
일은 해야 하고
꽃피는 계절에 과제물 제출하고 나면
진달래 철쭉은 지고 없었다
기말시험 끝나면 장마가 지고
여름방학은 왜 그리 짧은지
또, 가을학기가 시작돼 과제물 쓰고 있는데
친구에게 전화가 와서 뭐하느냐 묻길래
머리 쥐나고 있다니
고양이 사가지고 위문 오겠단다
그런 시간이 흘러
이제 끝이 보이기 시작한다

그 끝은 용기 있는 삶의 시작이다

콘테스트

그들이 콘테스트를 위해 당당하게 들어서고 있다
첫 번째 테스트는 미끄럼틀에서 하는데
서로 빨리 선택되려고 새치기를 하니
옆에서 저지를 하고 있다
줄을 서시오 줄을
눈치 빠른 놈들은 얼른 사리를 잡는데
굼뜬 놈들은 아직도 엉거주춤 제자리를 맴돌고 있다
한참 자리다툼에 정신이 없더니 이내 조용해진다

다들 견줄 만하다며 서로 먼저 들이대고 있다
날씬하고 매끈한 게 흠 잡을 데 없다
일차 심사대에서 독수리 같은 눈을 통과한다
신나게 노래를 부르고 춤추면서 이차 심사대로 옮겨
간다
이번 심사위원은 메이저급이다
삼백육 십도 돌려가며 오랜 시간 동안 심사를 한다
이차까지 통과한 그이 마지막 심사에서 딱 걸렸다

마지막까지 오다니
대단한 키위네

딴생각

이놈이 갑자기 생떼를 부린다
머리를 쓰다듬어 본다
다리를 만져준다
불어도 보고 닦아도 본다
단단히 마음이 상했나 보다
영 마음을 열어주질 않는다
조그만 움직여도 어떻게 해보겠는데
무엇을 섭섭하게 했나 모르겠다

인도 공항에서 빨리 따라오지 않는다고 신경질을 내서 그러나
릭세곰파에서 예불시간에 시끄럽다고 구박해서 그런가
헤미스 축제장에서 더운데 계속 부려 먹었다고 해서인가

인도에서는 말짱했고
에르메니아 가르니신전에서도 감탄했고
지구상 최대규모와 형태를 자랑하는
주상절리에서도 제비 똥이 들어가도 입을 벌리고 좋아했다

조지아 수도원에서도 수도사들과 이야기했는데
이유를 모르겠다

답답해서 쥐어박아도 본다
유능하다고 옆에서 나서는데 역시나다
긴급처방으로 이십만 원 이상 안겨주니
그제야 싱글벙글이다

최 진 강

돌들의 귀향 외 4편

최 진 랑

격식 갖춘 초대장도 없이
기념이라고 예쁘다고
바람이 좋다고 물소리 좋다고
그저 그렇게 집어다가 타향살이를 시켰다
그리곤 잊었다
뙤약볕 내리 쪼이는 베란다
문득 소리 없는 시끄러움에 그들을 바라보았다.
얼마나 고향이 그리웠을까
물소리 파도소리 갈매기들 유희가…
나는 귀를 닫아놓고 잊었다

70여년 세월에도 잊을 수 없는
혈육의 정에 그 먼 시간 속에서도 저리 목이 메는데
수 만, 수 천 년 함께한 세월을
무생물이라고 내 감상 하나로 무정했구나

이제라도 보내자
고향이 어딘지 묻지 말고
바람소리 물소리 들리는 곳으로
돌들의 귀향을 위한 여행을 꿈꾼다

소회

이쯤이면 괜찮은 생이다
크게 노여워할 일도 없고
그렇다 해서 떠벌이고 내 세울 것도 없는 삶이다
누군가에게는 한 눈에도 못 드는 소소한 삶이었겠지만
부끄럼 없이 살았고
제 짝 찾은 자식들 편하게 웃는 모습 보이고
일용할 양식 땜에 전전긍긍하지 않고
더위와 추위 땜에 애면글면 하지 않아도 되니
이만하면 족하지 않은가

문밖 나서면 인사할 친구 있고
한권에 책을 읽을 여유가 있으니
더도 덜도 말고 이만하면 괜찮은 생 아니겠는가
어느 쪽으로 기울까
저울 위에 올려놓고 눈 부릅떠 살펴봐도
수평 이루는 삶일지니 나에게 고맙다,
한 줄 기록이라도 남겨야 할 것 같다
무슨 말을 어떻게 해야 이 소회가 정갈하게 기록될까
밀려 내려오는 눈꺼풀 밀어 올리며
행복한 고민을 해본다

초대장을 받아들고

– 위암 진단을 받고

저 나라에서 나를 부른다
떠나야 한단다
내 생애 소풍에 해가 저문다
어떻게 마무리를 할까 돌아본다
흔적 남기지 않기
누군가 찾아와도
망설이지 않고 자리깔기를 주저하지 않게
깨끗하게 정돈하자
내가 있던 자리 또 누군가 올 게다

쉬운 생은 아니었지만 그래도 살만한 세상이었다
말할 수 있다
모두를 만나고 정을 주었지
칠십 인생 살았고
정리할 시간까지 덤으로 얻었으니
부족하다 탓 하지 않고 자족하리라

지는 석양 감상하며
흐뭇하게 웃을 수 있으니 가쁘게 가자
마지막 인사라도 깍듯하게 차리고 웃음 띄우리
고맙고 행복했노라고

비분강개

오늘은 수업에 나가야지
아프다는 이유로 아팠다는 변명으로 몇 차례 결석을 했지만
그 얼굴들이 잊혀질까
혹시 나를 잊을까 걱정이다

그 옛날 중학교 입학 때 먼저 세상 떠난 동생의 입학원서를 가로채고
동네서 얻어 입은 허옇게 빛바랜 감색 교복을 늘리고 꿰매 입으면서도
그렇게 올라탄 졸업여행 기차에서 마냥 설레었던 이십 대의 꿈이
아직도 가슴에서 펄떡이는데
이쯤에서 고꾸라질 수 없지
나를 기억해주고
나를 반겨주는 그 교실에
밤잠 설치며 설레던 졸업여행 가던 그 심정으로
나는 출석할 테다

별을 따다 박은 눈빛들이 반겨주는
그 시창작교실을 찾아갈 테다

내게 오월은

내게 오월은 푸른 하늘 만큼이나 푸른 계절이다
나는 늘 5월이고 싶었고
나는 늘 오월에 살고 있었다
나의 계절은 지난날도 푸르렀지만
남은 날들도 푸르리라 다짐한다
한 때 나의 오월은 태양의 짖궂음으로
흙먼지 날리는 날도 있었다
천둥소리로 세상이 놀라는 날도 있었다
그러나 그 밑에는 푸르름 꿈이 깔렸음을 이고
내 젊음 또한 그를 바탕으로 했다
계절에도 낙엽이 짐으로서 나이테가 쌓이고
새로운 호흡을 아는 까닭
보이는 내젊음이 초라하다 해도
나로선 찬란이니 서럽지 않다
오히려 그 밑에서 더 큰 꿈을 키웠으니
나의 오월은 무성했다
지난 추위 속에서 설계한 꿈
5월에 푸르게 펼치리라
아카시아 향기가 싱그럽다

최 훈 식

도플갱어를 꿈꾸다 외 4편

최 효 식

1. 나비장식

경기도 고양시 벽제원은 인간 본성의 울음이 사는 곳이다

빛깔 서러운 순백항아리 속에 갇힌 그녀를 안았다

중국에 갔을 때 시황제 무덤 근처에서 우연히 발견하여 부적처럼 지니고 있던

오래된 너울나비 장식도 함께 건네받았다

세상의 벌거벗은 존재와 조우하고 싶다던 목마른 사하라 사막,

클레오파트라의 여근곡이라 이름 짓고 사랑을 나누었던 오아시스에 왔다

사막의 붉은 모래언덕은 숨이 멎을 것 같은 처절한 아픔과 경외감이 든다

오아시스 물속으로 들어가서 뚜껑을 열었다

나비장식이 보랏빛을 내고 그녀가 회오리친다

두려움과 호기심으로 손을 내미는 순간 몸이 휘말려 간다

2. 커플 반지

정신을 잃었다가 깨어났다

낯선 공간이다

하늘도 땅도 구별할 수 없는 백색의 공간이다

영혼의 나무들이라 느껴지는 존재들이 군락을 이루고 있다

나무마다 크고 작은 삼원색나선형의 열매들이 열려 있다

갑자기 눈앞에 지팡이를 짚은 백발의 할머니가 나타났다

마고할미라 했다

이곳은 순수한 영혼이 가득한 생명의 공간이라 했다

그녀를 진심으로 살리고 싶냐하는 질문에 대답을 하고 무릎을 꿇었다

가지고 있는 그녀의 유품중 하나만 나무에게 주라는 말에

지니고 있던 커플반지를 얼떨결에 내미니 나무는 그대로 삼켜버린다

열매는 색을 바꿔가며 빠르게 커져간다

기다리고 또 기다렸다

그녀와 다시 지낼 수 있다는 희망 때문인지 맑은 기운이 온몸을 맴돈다

공간과 내가 하나가 된듯하다

3. 베두윈 부족

어느 순간 다 익은 과일처럼 열매 두 개가 톡 떨어졌다

빛 무리 속에서 내 앞으로 다가오더니 하나가 스스로 열린다

더 성숙된 나신으로 그녀가 웅크리고 있다

마고할미의 도움을 다시 받아 세상으로 돌아왔다

믿기 힘든 사실을 숨겨야 했기에 사하라의 베두윈 부족들과 살기로 했다

평범하지만 행복한 삶이 계속 되는 날이다

새 삶을 있게 해준 그 오아시스에서 사막의 풍경을 바라보고 있을 때

석양을 등지고 다가오는 여인이 있었다

그녀다

너무 놀라 벌떡 일어났다

그녀는 내 옆에 있는데 또 다른 그녀가 나에게 오고 있는 것이다

동천東天

여명이 채 밝아오기 전
언덕에 올라 해를 맞는다

이윽고 부챗살처럼 펴지는 햇살
마음을 말갛게 말갛게 씻어낸다

참으로 길었던 회한의 시간 속에서
차디차게 식었던 굳은 혈관

열다섯 새색시 청홍사 엮기도 전
속절없이 버거운 기다림부터 배웠다

애타는 재회는 신기루처럼 잡히지 않고
터져 나오는 울음에 어제 같은 오늘만 열린다

찬연한 서녘노을 두근거림으로 오는 날
따스한 그리움 돌아 눈물 강 만든다

흑요석으로 가슴에 맺힌 희망의 언어는
겹으로 이어질 찰라를 꿈꾼다

또 다른 사랑

月매, 나의 비즈니스 네임이다
남원부사인 그의 부름을 받았다
어여쁜 명기들 제쳐두고 퇴기인 내가 찍혔다
어느 명이라 어길까 옷고름보다 먼저 달린다

火려한 날이 다시 올지도 모른다
두근거림 애써 참고 눈을 들었다
세상이 환해진다
왜 이제야 왔는지 울음이 절로난다

水없이 보고 또 보았다
아무리 보아도 질리지 않는다
그가 웃는다
나도 웃는다

木표가 생겼다
그를 닮은 아이 낳고 싶다
간절히 빌고 빌었다
춘향이가 태어났다

金방보고 가더니 또 찾아 온다
해맑게 웃는 딸을 살포시 보듬고 있다
넋을 놓고 바라본다
딸바보 맞다

土닥토탁 내 어깨를 두드려 준다
파랑새야 그대로 있어라
가슴 속 깊이 둥지를 틀어라
이어져라 인연의 끈

日장춘몽이 되었다
그가 떠났다
셋이서 알콩달콩 살고 싶었다
입술 깨물고 속울음 삼킨다

미몽美夢

쉼터처럼 마음 편한 북한산 올랐다
늘 쉬어가던 바위그늘에 가죽신 한 켤레
누가 벗어놓았을까
호기심 일어 만지는 순간 날개 돋아 나를 감싼다
젤리처럼 부드러워지는 몸
공기처럼 가벼워져 날개로 빨려간다
헤르메스 신을 신은 아레스가 되었다
검은 구름 하늘에 걸리고 번개 일렁인다
전지전능 제우스 부름이다
신들의 만찬 후 보이지 않는 아프로디테 찾아오라 명한다
혼돈의 공간 가르며 그녀 찾아 다녔다
생각만 해도 사랑에 대한 풍요와 설레임 가득 채워 주는 여신

저 멀리 그녀가 보인다
자아도취 수선화 되어버린 호수 속으로 들어가고 있다
완벽한 나신의 조각상 하나를 건져 올렸다
추위에 떠는 몸,
하얀 두 날개로 감싸 안는 호사를 누린다

야릇한 열기 온몸을 휘감아 도는데 갑자기 별이 번쩍인다

비너스 술집에서 떡 실신한 나를 깨우는 친구 놈의 매운 손맛
맙소사, 강한 살의를 느낀다

깡통

빛나는 은색 자태에 최첨단 디자인을 걸쳐 입습니다
잘 나가는 사람이 됩니다
나르시스의 여인입니다
그녀의 오만함이 나를 지배합니다
때론 상석을 차지하고 세상을 내려다봅니다

사랑이 찾아왔습니다
가진 것을 모두 주었습니다
아낌없이 주었습니다
이제는 내어 줄게 없습니다
자리를 털고 일어섰습니다
떠날 때가 되었나봅니다

어쩌다 발에 차이는 신세가 되었습니다
주홍글씨의 낙인이 찍혔습니다
부정의 언어 가득한 넝마가 입혀졌습니다
그래도 꿈을 꿉니다
허허로운 이 세상에서
달디 단 한 마디 언어로 속삭여줄 너를 맞이합니다

류 춘 현

남루한 오후 외 4편

류 춘 현

기사식당에서 점심 후 어슬렁거릴 즈음
아주 남루한 옷차림의 노인이 손을 든다
이걸 어쩌나 시내 택시비라도 낼 수 있을까
냄새가 풍겨 다음 손님도 태우지 못하는 것은 아닐까 망설이다
자신도 모르게 차를 세우고 말았다
어찌 된 일인가 부산까지 가잔다
통상 40만 원대에 정해진 가격인데 50만 원을 부르고 선불이라고 했다
지갑을 열더니 냉큼 오십만 원을 헤아려 건네주는 것이 아닌가
휴게소를 거쳐 부산 자갈치시장 근처에 내리면서
7만 원을 주며 식사하고 기다리란다
한 시간 뒤에 다시 올라가야 한다고
어둠이 깔리기 시작할 때 그 자리로 가 보았다
헐레벌떡 노인이 나타나 뒷좌석에 앉았다
반신반의 돌고 돌아 처음 탔던 인근에 다다랐다
70만 원을 주면서 수고했어요 한다
어리둥절해 하다가 마음을 가다듬고
실은 왕복 합이 80만 원입니다
하면서 40만 원을 돌려주려 하였으나 거절한다

옷차림만으로 사람을 판단한 죄는 어느 형벌에 해당할까
모처럼 맑은 봄 하늘이 공활하다

그날의 남루한 오후는 구름 위에 떠도는 무릉도원이었다

시제時祭, 시제詩題

매년 음력 시월 첫째 주일엔 시제를 지내러 고향을 찾는다
삼삼오오 종친들이 모여 망울산을 오른다
유우세에차, 종손이 절을 하고
효자문이 건립된 배경을 설명하고 조상들의 얼을 귀담아 듣는다

내려오는 구멍골에 음산함이 고여 있다
어려서부터 흐린 날 이곳만 지나려면 괴상한 울음소리가 들리고 머리가 쭈뼛쭈뼛 선 내력을 웃어른께 묻는다 오래전 동네 아이들이 포탄을 주워 진흙을 바르고 아궁이를 만들어 불놀이를 하다가 네 명이 죽고 두 명이 부상을 당했다는 소리에 소름이 묻어난다
어린 시신을 이곳에 묻은 후 애우는 소리가 들리곤 한단다
그 어린 넋이 아직도 떠돌며 우는 곳

억새 숲이 우북하게 수의를 해 입히고 산그늘이 엎드려 절하고 있는
뜬구름 불러 모아 부슬비를 내리려는 저녁
발뒤꿈치를 잡고 놓아주지 않는다

검고 길고 끈적끈적한 산고양이 울림이 혀를 내밀며
시제 음복을 얻어먹으려 기다리고 있다

빈 술병

그는 사내들의 애환을 달래주며 가끔은 여자들에게도 인기가 많다

그는 비밀을 다 알고 있으면서도 시치미를 뚝 뗀다

내가 믿고 얘기할 놈은 그 녀석이 최고다

내 속을 훤히 다 안다

너무 연정에 쌓인 놈은 가차 없이 처단해버리는 차디찬 놈이다 그를 감싸주는 이가 많지만 이따금 똥침을 놓거나 흔들어 정신을 빼가기도 한다

우리 셋은 매우 친하게 지냈다

그런 그가 시월의 마지막 밤을 남기고 우리를 배반해 버린다

어김없이 송년회는 시작되고

그놈은 갔어도 그는 여전히 파도를 탄다

영원히 남아 수많은 사연을 담고 비워도 비워지지 않는 게릴라 같은 생을 산다

그 놈은 어느 우주로 흩어져 가을비로 우줄우줄 술냄새를 풍기고

빌어먹을
이슬이를 먹구멍에 털어 넣고 이를 갈며 미워하다
껄껄껄 목구멍이 보이도록 웃는 밤

배부르신 아버지

오늘은 아버지 제사가 있는 날이다
허전함과 그리움을 태우고 고향으로 달린다
당신은 한평생을 농사일로 보내시다
노후에 서울로 상경해 몇 년 사시다 돌아가셨다

서당에서 6개월 만에 천자문을 마치고 한자에 대해서는 일가견이 있으며
고향마을 이장을 하면서 경조사, 혼서지 등을 동네방네 다 써 주신
온 동네가 다 아는 유교사상에 해박한 분
동네 어귀에 있는 우리 조상의 효자문 상판에도
아버지가 새긴 글씨가 뚜렷이 남아 있다
구 남매를 키우느라 노랑이로 사시느라 흉을 보는 사람이 있어도
들은 척도 아니 하고 고집으로 밀고 나가셨던 분
그래도 자식들이 잘 살고 있으니 복 많으신 분

꽃상여 떠나기 전까지 몹시도 좋아하시던 약주 한 병 허리에 차고
제사 지내기 전에 인사드리러 형제들과 산소가 있는 다랑 고개로 올라갑니다

뒤따라오는 며느리들은 시아버지 욕을 신나게 하며
왁자지껄한 웃음을 쏟아냅니다

2대 안에 큰 인물이 나올 거라고 스님이 잡아 주신
명당자리 앞에
채일봉이 선명하게 보이는 오후
가랑잎 소리가 귀엣말에 들려오네요
배고프지 않으시죠
욕을 하도 많이 드셔서

베이스캠프 구르자히말

(,) 히말라야 원정대 다섯 명을 눈 속으로 끌고 가느냐
(,) 고양 저유소 탱크를 풍등 속으로 끌고 가느냐
(,) 바닷가는 포항 서민을 지구의 용틀임으로 끌고 가느냐
(,) 영웅은 8천억 주윤발을 본색으로 끌고 가느냐
(,) 점 하나는 경기지사를 법정으로 끌고 가느냐
(,) 빌보드 차트는 방탄소년단을 UN으로 끌고 가느냐

(,) 쉼표는 나의 베이스캠프인가

이서영

붉은 언덕 외 1편

이 서 영

햇살이 놀다간 갯바위를 끌어안고
강물처럼 울던 너
해송이 뿜어내는 쌉싸름한 향내
마을 어귀 사백 년 팽나무 뿌리는
까실까실한 너의 손

오월 해풍에 청보리는
머리를 풀어 헤치고
안개 낀 앞산에 갯벌같은 엄니 마음
해당화 꽃 닮은 너의 얼굴

돌다리 밑으로 개울이 흐르고
텃밭 가로질러 집으로 향하면
꽃비 사운거리듯 너볏너볏 오는 봄 길
하얀 아사치마 나비 한 마리
작은오빠 등에 업혀 학교 가던 너

둠벙엔 미꾸라지 살고
물수제비가 돌고
별과 달이 살고

너는 오늘도 태양의 지도를 읽는다

그런 거라

내가 너를 보는 거라
네가 다른 곳을 보는 거라
내가 너에게로 기우는 거라
네가 흔들리면 거라
너와 나 사이에 바다가 온 거라
섬 하나 뜬 거라
물길 끝에서 자꾸만 흐르는 거라
등을 떠미는 거라
헤진 부표 하나 던지는 거라
바다를 건너란 거라
헤엄쳐 오라는 거라
서로가 서로를 구명할 줄 알면서도
그저 바라만 보는 거라

그런 거라

우리는 섬인 거라

이 도서의 국립중앙도서관 출판예정도서목록(CIP)은 서지정보유통지원시스템 홈페이지(http://seoji.nl.go.kr)와 국가자료종합목록시스템(http://www.nl.go.kr/kolisnet)에서 이용하실 수 있습니다.
(CIP제어번호 : CIP2019006413)

한국방송통신대학교 시창작동아리
<생각의숲> 엔솔로지 2019년 2호

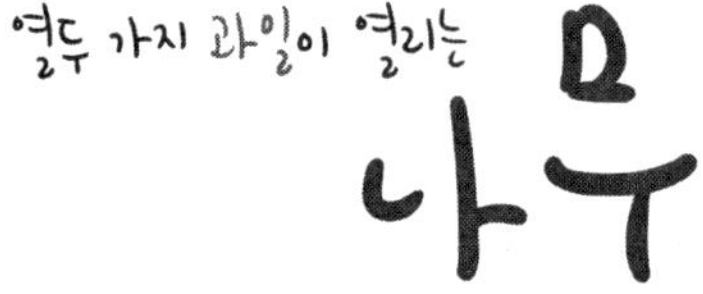

초판인쇄일 2019년 3월 12일
초판발행일 2019년 3월 18일

지은이 : 전하라 외
펴낸곳 : 도서출판 문학공원
발행인 : 김순진
편집장 : 전하라
디자인 : 김초롱
등　록 : 2004년 3월 9일 제6-706호
주　소 : (03382)서울 은평구 통일로 633
녹번오피스텔 501호 스토리문학사
전　화 : 02-2234-1666
팩　스 : 02-2236-1666
홈페이지 : http://cafe.daum.net/yob51
이메일 : 4615562@hanmail.net

※ 잘못된 책은 교환해 드립니다.
※ 책값은 뒤표지에 있습니다.